AF455544

thèque du Jeune Léniniste - N° 1

N. LENINE

Lénine et la Jeunesse

NEY

Lénine

et la

Jeunesse

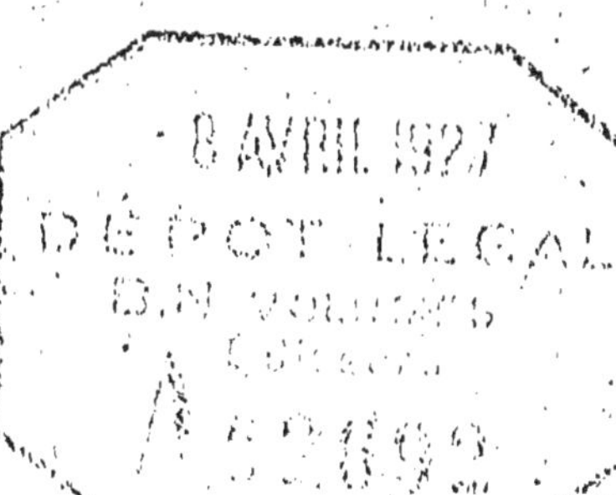

BIBLIOTHÈQUE DU JEUNE LÉNINISTE N° 1

Lénine et la Jeunesse

Édité par l'I. C. J.

◆ ◆ ◆

BUREAU D'ÉDITIONS
de Diffusion et de Publicité
132, Faubourg Saint-Denis
PARIS

PRÉFACE

à l'Édition Française

Dans cette brochure sont rassemblés les discours et les articles de Lénine qui ont trait au mouvement des jeunesses ou aux questions qui touchent notre mouvement. Nous avons pris pour base de cette brochure l'édition russe et mis de côté seulement ce qui n'a aucun intérêt immédiat pour la jeunesse française ou qui n'a pas besoin de commentaires explicatifs. Nous sommes convaincus que tous les camarades français ou parlant français feront tous leurs efforts pour faire de ce livre le manuel de tous les membres de la Fédération, et qu'ainsi les pensées de notre maître sur la jeunesse viennent enrichir le bagage idéologique de chaque jeune communiste.

Le Comité Exécutif

de l'Internationale Communiste des Jeunes

Les tâches des Jeunesses Communistes

Discours prononcé au IIIe Congrès panrusse de l'Union des Jeunesses Communistes russes, le 4 Octobre 1920.

Camarades, je voudrais aujourd'hui m'entretenir avec vous du rôle essentiel de la Fédération des Jeunesses Communistes et, à ce propos, de ce que doivent être les organisations de la Jeunesse dans une république socialiste en général.

La nouvelle génération construira le socialisme

Cette question mérite d'autant plus notre attention qu'on peut dire en un certain sens que *c'est précisément à la jeunesse qu'incombe la tâche de créer la société communiste*. Il est clair, en effet, que la génération élevée sous le régime capitaliste est tout au plus capable d'anéantir les bases du vieil édifice capitaliste fondé sur l'exploitation. Le plus qu'elle puisse faire, ce sera d'arriver à organiser une société permettant au prolétariat et aux classes laborieuses de garder le pouvoir et de poser les fondements sur lesquels pourra seule bâtir la génération qui entrera dans la vie active dans des conditions nouvelles, après la suppression de toute exploitation parmi les hommes.

La jeunesse doit s'instruire

En abordant la question de ce point de vue, je dois déclarer que la tâche de la jeunesse en général et des Fédérations des Jeunesses Communistes et autres organisations semblables en particulier, peut être définie d'un mot : *apprendre.*

Mais, la chose est claire, ce n'est là qu' « un mot ». Ce mot ne répond pas aux questions les plus essentielles : qu'apprendre et comment apprendre ? Ici le point capital est qu'avec la transformation de la vieille société capitaliste, l'instruction, l'éducation et toute la formation des nouvelles générations destinées à créer la société communiste ne peuvent demeurer telles quelles. Néanmoins, l'instruction, l'éducation et la formation de la jeunesse doivent nécessairement découler des matériaux qui nous ont été laissés par l'ancienne société.

Nous nep ouvons édifier le communisme qu'en partant de la somme des connaissances, des organisations et des institutions, ainsi que des forces humaines et des moyens que nous avons reçus *de la vieille société.* C'est seulement en transformant radicalement l'enseignement, l'organisation et l'éducation de la jeunesse que nous arriverons, grâce aux efforts de la jeune génération elle-même, à créer une société qui ne ressemble pas à l'ancienne, je veux dire à créer la société communiste.

Qu'apprendre et comment?

C'est pourquoi nous sommes obligés d'examiner en détail cette question : que devons-nous enseigner à la jeunesse et que doit-elle apprendre si elle veut réellement mériter le nom de « Jeunesse Communiste » ? comment, faut-il la préparer pour qu'elle soit capable de terminer et de couronner l'œuvre que nous avons commencée ?

La réponse qui se présente la première et qui semble la plus naturelle, c'est que la Fédération des Jeunesses et en général toute la jeunesse qui veut l'avènement du communisme doit apprendre le communisme.

Mais cette réponse : « Apprendre le communisme » est trop générale. Que faut-il faire pour apprendre le communisme ? Dans la somme des connaissances humaines, que faut-il choisir pour acquérir la science du communisme ? Ici, nous sommes menacés d'une série de dangers, qui surgissent autour de nous pour peu que la question soit mal posée ou que le mot communisme soit compris de façon trop unilatérale.

Au premier abord, il semble qu'apprendre le communisme ce soit acquérir l'ensemble des connaissances qui sont exposées dans les manuels, brochures et travaux communistes. Mais ce serait là définir de façon trop grossière et bien insuffisante l'étude du communisme.

La théorie et la pratique — La science et la lutte

Si l'étude du communisme consistait seulement à savoir ce qui est exposé dans les publications communistes, *il nous serait trop facile d'avoir quantité de perroquets ou de vantards communistes*, et ce serait un grand mal, car ces gens, après avoir lu et appris ce qui est exposé dans nos ouvrages et nos brochures, seraient incapables de coordonner toutes ces connaissances et d'agir comme le veut réellement le communisme. Un des maux, une des pires calamités que nous ait laissé en héritage l'ancienne société capitaliste, c'est la rupture complète entre le livre et la vie : nous avions des livres où tout se trouvait dépeint sous des couleurs engageantes, et la plupart du temps ces livres n'étaient qu'un assemblage d'hypocrisie et de fausseté répugnante traçant un portrait menteur de la société communiste. Voilà pourquoi ce serait un grand tort de se borner à apprendre ce que les livres disent du communisme.

Nos discours et nos articles ne sont pas la simple répétition de ce qu'on a écrit autrefois sur le communisme, car ils sont liés à notre travail quotidien dans tous les domaines. Sans travail, sans lutte, la connaissance livresque du communisme puisée dans les brochures et les ouvrages communistes n'a absolument aucune valeur, car elle ne ferait que perpétuer l'ancien abîme entre la théorie et la pratique qui était un des traits les plus repoussants de l'ancienne société bourgeoise.

Le danger serait plus grand encore si nous voulions apprendre seulement les mots d'ordres communistes. Si nous ne comprenions pas à temps l'importance de ce danger, si nous ne faisions pas tous nos efforts pour l'éviter, l'existence du demi-million ou du million de jeunes gens et de jeunes filles qui, après une pareille étude du communisme, prendraient le nom de communistes, n'aurait d'autre résultat que de nuire grandement à la cause.

Qu'utiliser de l'ancienne école?

La question se pose alors de savoir comment il nous faut concilier tout cela pour apprendre le communisme. Que devons-nous prendre à l'ancienne école, à l'ancienne science ?

L'ancienne école déclarait qu'elle voulait créer des hommes instruits dans tous les domaines et qu'elle enseignait les sciences en général. Nous savons que c'était là un pur mensonge, puisque toute la société était fondée sur la division en classes, sur la division des hommes en exploiteurs et en opprimés. Toute l'ancienne école, par conséquent, étant entièrement pénétrée de l'esprit de classe, ne donnait la science qu'aux enfants de la bourgeoisie. Elle ne prononçait pas une parole qui ne fût adaptée aux intérêts de la bourgeoisie.

Ces écoles visaient moins à faire l'éducation des jeunes ouvriers et des jeunes paysans qu'à les déformer pour le plus grand profit de cette même bourgeoisie. On cherchait à préparer des serviteurs dociles capables d'augmenter les bénéfices de la bourgeoisie sans troubler son repos et son oisiveté. C'est pourquoi nous condamnons l'ancienne école, en nous proposant seulement d'y prendre ce qui nous est nécessaire pour former de vrais communistes.

Je ne puis passer sous silence certains reproches qu'on adresse couramment à l'enseignement bourgeois et qui conduisent souvent à des interprétations entièrement fausses. On dit que l'ancienne école ne connaissait que les livres, le dressage autoritaire et le bourrage machinal. C'est vrai, mais il faut savoir distinguer là dedans le mauvais et l'utile, il faut savoir choisir à notre usage ce qui reste indispensable pour le communisme. L'ancienne école était livresque, elle obligeait les enfants à emmagasiner une masse de connaissances inutiles, superflues ou mortes qui éteignaient en eux toute originalité et qui changeaient toute la jeune génération en une armée de fonctionnaires coulés dans le même moule. *Mais conclure de là qu'on peut être communiste sans s'être assimilé le trésor de connaissances accumulé par l'humanité, ce serait commettre une énorme erreur.* Nous aurions tort de penser qu'il suffit de savoir quelques mots d'ordre communistes et quelques conclusions toutes faites de la science communiste, et qu'on est dispensé par là de s'assimiler la somme des connaissances dont le communisme lui-même n'est que la conséquence. Le marxisme est un exemple vivant qui montre comment le communisme est résulté de cette somme de connaissances acquises par l'humanité.

Où réside la puissance du marxisme

Vous avez lu et entendu dire que la théorie communiste, la science communiste a été créée principalement par Marx, et que cette doctrine a cessé d'être l'œuvre d'un socialiste même génial du dix-neuvième siècle pour devenir la doctrine de millions et de dizaines de millions de prolétaires du monde entier qui la mettent en pratique dans leur lutte contre le capital.

Si maintenant vous demandez : Comment se fait-il que cette doctrine de Marx ait pu s'emparer de millions et de dizaines de millions de cœurs dans la classe la plus révolutionnaire ? on vous répondra : C'est que Marx s'est appuyé sur la base solide des connaissances humaines acquises sous le capitalisme. Ayant étudié les lois du développement de la société, Marx a compris que le cours de l'évolution du capitalisme aboutit fatalement au communisme. Mieux encore, il a prouvé cette vérité par l'étude la plus exacte, la plus détaillée et la plus profonde de la société capitaliste, et tout cela il l'a pu parce qu'il s'était entièrement assimilé tous les résultats de la science antérieure.

Tout ce qui avait été créé par la société humaine, il l'a soumis à sa critique et remanié sans en négliger un seul point. Tout ce qui avait été créé par l'esprit humain, il l'a analysé, il l'a *repensé*. Il en a fait la vérification sur le mouvement ouvrier, il en a tiré des conclusions que les gens enfermés dans les cadres bourgeois ou liés par les préjugés bourgeois ne pouvaient pas en tirer.

La culture prolétarienne

Voilà ce qu'il ne faut pas oublier lorsque nous parlons de la culture prolétarienne. Si nous ne nous sommes pas rendu compte que pour créer cette culture il faut connaître et utiliser, en les remaniant, tous les éléments de la culture résultant de l'évolution antérieure de l'humanité, nous n'arriverons jamais à rien.

La culture prolétarienne n'est pas donnée toute faite, elle ne jaillit pas du cerveau de je ne sais quels spécialistes en culture prolétarienne. Ce serait pure bêtise de le croire. La culture prolétarienne doit apparaître comme la résultante naturelle des connaissances conquises par l'humanité sous le joug capitaliste et sous le joug féodal.

Telles sont les voies qui ont conduit et qui continuent de conduire à la culture prolétarienne, tout comme l'économie politique transformée par Marx nous a montré l'aboutissement futur de la société humaine et le passage à la lutte de classes et à la révolution prolétarienne.

Attaques injustes contre l'ancienne école

Lorsque nous entendons parfois certains représentants de la jeunesse ou certains défenseurs des nouvelles méthodes d'enseignement attaquer l'ancienne école en disant qu'elle visait à bourrer les crânes sans éveiller l'intelligence, nous leur répondons qu'il faut néanmoins emprunter à cette ancienne école ce qu'elle avait de bon. Il ne faut pas imiter ceux qui surchargeaient la mémoire du jeune homme d'un poids immodéré de connaissances, inutiles pour les neuf dixièmes et falsifiées pour le reste ; mais il ne s'ensuit aucunement que nous puissions nous contenter des conclusions communistes ou de quelques phrases communistes apprises par cœur. Par là, nous n'arriverons jamais au communisme. *Pour devenir communiste, il faut avoir enrichi sa mémoire de tout le trésor de science amassé par l'humanité.* Nous n'avons pas besoin de bourrage machinal, mais il nous faut quand même développer et perfectionner la mémoire de chaque écolier en la meublant des faits essentiels, car le communisme serait réduit à une façade vide, le communiste ne serait qu'un vantard sans consistance s'il ne possédait pas une somme suffisante de connaissances apprises et bien digérées. Ces connaissances vous devez non seulement vous les assimiler mais les soumettre à votre critique, afin de ne pas encombrer votre cerveau d'un fatras inutile, mais de l'enrichir au contraire de la science de tous les faits sans lesquels il n'y a pas d'homme cultivé à l'époque où nous sommes. Le communiste qui se vanterait d'être communiste simplement parce qu'il a dans la tête un certain nombre de données toutes faites, sans avoir accompli le travail très sérieux, très important et très difficile qui consiste à analyser et à critiquer les faits, serait un bien pauvre communiste. Rien ne saurait être plus funeste qu'une attitude aussi superficielle : si je sais que je sais peu, je m'efforcerai de savoir davantage tandis que si un homme prétend qu'il est communiste et qu'il n'a besoin de rien apprendre, il ne sortira jamais rien de lui qui ressemble à un communiste.

L'ancienne école forgeait les valets dociles dont avaient besoin les capitalistes ; elle changeait les hommes de science en pantins obligés d'écrire et de parler selon les caprices des capitalistes. C'est dire que nous devons nous en débarrasser. Mais si nous devons la supprimer et la détruire, s'ensuit-il que nous ne devions pas nous emparer de toutes les choses utiles qui avaient été accumulées par l'humanité ?

S'ensuit-il que nous ne devions pas faire la distinction entre ce qui servait le capitalisme et ce qui servira le communisme ?

Il nous faut une discipline propre

A la place du dressage imposé par la société bourgeoise contre la volonté de la majorité, nous mettons la discipline consciente des ouvriers et des paysans joignant à leur haine contre l'ancienne société la décision ferme et la science d'unir et d'organiser leurs forces *afin de créer, avec des millions et des centaines de millions de volontés éparses, fractionnées et dispersées à travers l'immense étendue de notre pays, une volonté unique, car sans elle nous serons inévitablement* défaits. Sans cette cohésion, sans cette discipline consciente des ouvriers et des paysans, notre cause est désespérée. Sans elle, nous serons toujours incapables de venir à bout des capitalistes et des aristocrates de tout l'univers. Nous n'arriverons même pas à asseoir solidement les bases ni, à plus forte raison, à construire l'édifice de la nouvelle société communiste.

Ainsi, tout en condamnant l'ancienne école, tout en nourrissant contre elle une haine absolument nécessaire et légitime, tout en appréciant le désir que nous avons de la détruire, nous devons comprendre qu'à la place de l'ancienne étude livresque et de l'ancien dressage, il faut mettre l'art de s'assimiler toute la somme des connaissances humaines ; il faut que votre communisme ne soit pas quelque chose d'appris, mais quelque chose de pensé par vous-mêmes, comme la conclusion s'imposant nécessairement à tout homme cultivé de nos jours.

La jeunesse doit apprendre à organiser l'économie sociale

Voilà donc comment il faut poser le problème, quand on parle d'apprendre le communisme.

Pour rendre la chose plus claire et pour préparer en même temps la solution de la question : Comment apprendre ? je prendrai un exemple pratique. Vous savez tous que, après les problèmes militaires, après la défense de la République, c'est le problème économique qui surgit aujourd'hui devant nous. Nous savons qu'il est impossible d'édifier la société communiste sans ressusciter l'industrie et l'agriculture, et, encore pas sous leur forme ancienne. Il faut les ressusciter conformément au dernier mot de la science contemporaine. Ce dernier mot, vous ne l'ignorez pas, c'est l'électricité : le jour où tout le pays, toutes les branches de l'industrie et de l'agriculture marcheront à l'électricité, le jour où vous viendrez à bout de ce programme gigantesque, et pas avant, vous pourrez édifier la société communiste qu'était incapable d'édifier l'ancienne génération.

La tâche qui s'impose à vous, c'est donc de relever le niveau économique de tout le pays, de réorganiser l'agriculture et l'industrie selon le progrès moderne, qui repose sur la science et sur la technique modernes, en un mot sur l'électricité. Or, vous comprendrez bien que ce travail ne sera pas fait par des ignorants, et qu'il exigera même autre chose que des notions rudimentaires. Il ne suffit pas de comprendre ce que c'est que l'électricité, il faut savoir comment en faire l'application à l'industrie et à l'agriculture et à chaque branche spéciale de l'industrie et de l'agriculture. Il faut apprendre tout cela soi-même, et il faut l'enseigner à toute la jeune génération laborieuse.

Voilà la tâche qui s'impose à tout communiste conscient, à tout jeune travailleur qui s'estime communiste et qui se rend compte qu'en entrant dans la Fédération des Jeunesses Communistes il s'est engagé à aider notre parti et toute la jeune génération à édifier notre société communiste. Il doit comprendre que pour bâtir cette société, il lui faut absolument partir de la science contemporaine et que s'il ne possède pas cette science, son communisme restera un vain mot.

Le rôle de notre génération consistait seulement à renverser la bourgeoisie. Critiquer la bourgeoisie, développer le sentiment de haine existant contre elle dans les masses, éduquer la conscience de classe, savoir grouper les forces du prolétariat, voilà quelles étaient alors les tâches essentielles.

La nouvelle génération a devant elle une tâche beaucoup plus complexe. Il ne vous suffit plus d'unir toutes vos forces pour soutenir le gouvernement des ouvriers et des paysans contre les attaques des capitalistes. Cela vous devez le faire et vous l'avez admirablement compris, comme doit le comprendre nécessairement tout communiste conscient. Mais cela ne suffit pas.

Votre rôle, c'est d'édifier la société communiste. Dans bien des domaines, la première moitié du travail est déjà terminée. L'ancien monde est détruit, comme il devait l'être ; il n'est plus qu'un monceau de ruines comme il convenait de l'y réduire. Le terrain est déblayé et c'est sur ce terrain que la jeune génération communiste doit maintenant édifier la société communiste.

Le problème pour vous consiste à bâtir, et pour le résoudre, vous êtes obligés de posséder tout le savoir moderne. Il faut savoir changer ce communisme de formules toutes faites, de recettes, de prescriptions et de programmes en un communisme vivant, qui coordonne votre action immédiate et qui soit le guide de votre travail pratique.

Voilà votre mission, voilà sur quoi vous devez vous régler quand vous voulez instruire, éduquer et entraîner toute la jeune génération. Vous devez être parmi ces millions de constructeurs que doivent être tous les jeunes hommes et toutes les jeunes filles. Si vous n'appelez pas à cette édification du communisme toute la masse de la jeunesse ouvrière et paysanne, vous ne bâtirez jamais la société communiste.

Ici, j'en viens naturellement à la question de savoir comment nous devons enseigner le communisme, et quel doit être le caractère propre de nos méthodes.

Comment les jeunes deviendront communiste.

Mais je m'arrêterai auparavant sur la morale communiste.

Vous devez faire en vous-mêmes l'éducation du communiste. Le but de la Fédération des Jeunesses, c'est d'exercer une action pratique lui permettant, en apprenant, en s'organisant, en se groupant, en luttant, de faire de ses membres et de tous ceux qui la reconnaissent comme guide, de vrais communistes. Toute l'éducation, tout l'enseignement et toute la formation de la jeunesse contemporaine doivent se donner dans l'esprit de la morale communiste.

La morale communiste

Mais existe-t-il une morale communiste ? Existe-t-il une moralité communiste ? Certainement oui. On prétend souvent que nous n'avons pas de morale. La bourgeoisie nous reproche fréquemment, à nous autres communistes, de nier toute morale. C'est là une manœuvre pour troubler les idées et jeter de la poudre aux yeux du peuple.

En quel sens nions-nous la morale et la moralité ?

Nous les nions dans le sens bourgeois, où cette moralité découlait des commandements de Dieu. Nous disons assurément que nous ne croyons pas en Dieu, et nous savons très bien qu'au nom de Dieu, le clergé, les propriétaires et la bourgeoisie parlaient en réalité pour défendre leurs intérêts d'exploiteurs. Ou bien encore, au lieu de faire découler cette morale des commandements de Dieu, on la tirait de phrases idéalistes ou semi-idéalistes qui finalement ressemblaient fort aux commandements de Dieu.

Toute cette moralité empruntée à des conceptions extérieures aux classes ou même à l'humanité, nous la nions. Nous disons que c'était là tromper les ouvriers et les paysans et leur bourrer le crâne pour le plus grand profit des propriétaires et des capitalistes.

Notre moralité à nous est entièrement subordonnée à l'intérêt du prolétariat et aux exigences de la lutte de classe du prolétariat.

L'ancienne société était fondée sur l'oppression de tous les ouvriers et de tous les paysans par les propriétaires et les capitalistes. Il nous a fallu la détruire, il nous a fallu mettre à bas ces oppresseurs et pour cela faire régner l'union entre les travailleurs. Aucune morale religieuse ni philosophique n'est capable de créer cette union. Cette union ne pouvait venir que d'un prolétariat instruit, arraché à son sommeil séculaire ; elle ne pouvait venir que des usines. C'est seulement lorsque fut constituée cette classe que commença le mouvement des masses qui a conduit à ce que nous voyons aujourd'hui, c'est-à-dire à la victoire de la Révolution dans un pays faible entre tous, qui a défendu pendant trois ans son indépendance contre la bourgeoisie de tout l'univers.

Nous voyons la révolution prolétarienne grandir dans le monde. Nous pouvons déclarer maintenant en nous appuyant sur l'expérience que, seul, le prolétariat a pu créer une force assez unie et assez cohérente pour entraîner avec elle la classe paysanne dispersée et fragmentée, force qui a résisté à tous les assauts des exploiteurs. Seul le prolétariat peut aider les masses laborieuses à s'unir, à se grouper, à faire triompher et à affermir définitivement, à couronner enfin la société communiste.

Voilà pourquoi nous disons : pour nous, la moralité prise en dehors de la société humaine n'existe pas, c'est un mensonge. Notre moralité, à nous est subordonnée aux intérêts de la lutte de classe du prolétariat.

Notre tâche, c'est la suppression des classes

En quoi consiste cette lutte de classe ? Elle consiste à renverser le tsar, à renverser les capitalistes, à anéantir la classe capitaliste.

Que sont les classes en général ? C'est ce qui permet à une fraction de la société de s'approprier le travail de l'autre.

Si une fraction de la société s'approprie tout le sol, nous avons la classe des propriétaires fonciers et la classe des paysans. Si une fraction de la société possède les usines, les actions, et les capitaux, tandis que l'autre travaille dans ces usines, nous avons la classe des capitalistes et le prolétariat.

Il n'a pas été difficile de se débarrasser du tsar : quelques jours ont suffi. Il n'a pas été très difficile d'expulser les propriétaires : nous l'avons fait en quelques mois ; il n'a pas été difficile non plus de chasser les capitalistes.

Mais supprimer les classes est infiniment plus malaisé ; il subsiste toujours une division en ouvriers et en paysans. Le paysan dès qu'il est installé sur un lopin de terre et qu'il s'approprie le blé qui n'est indispensable ni à lui, ni à son bétail, tandis que les autres manquent de pain, ce paysan-là est déjà un exploiteur. Plus il retient de ce blé pour son usage personnel, et plus il gagne ; que lui importe si les autres ont faim ? « Plus ils auront faim et plus cher je vendrai mon blé. »

Il faut que tous travaillent d'après un plan commun sur un sol commun, dans des usines communes et selon un règlement commun. Est-ce facile à réaliser ? Vous le voyez vous-mêmes, la solution est infiniment plus malaisée que lorsqu'il s'agit de chasser le tsar, les propriétaires ou les capitalistes. Il faut pour cela que le prolétariat refasse son éducation propre, refasse celle des paysans et attire à lui ceux qui sont des paysans travailleurs afin de briser la résistance des paysans riches qui s'engraissent aux dépens de la misère des autres.

En un mot, la lutte du prolétariat est loin d'être terminée, après l'expulsion du tsar, des grands propriétaires fonciers et des capitalistes ; alors commence précisément la tâche du régime que nous nommons la dictature du prolétariat.

La lutte de classe continue ; elle a seulement changé de forme. Elle a maintenant pour but d'empêcher le retour des anciens exploiteurs et d'unir dans une étroite alliance la masse éparse de la classe paysanne ignorante. La lutte de classe continue et nous devons tout subordonner aux exigences de cette lutte.

C'est pourquoi nous lui subordonnons notre moralité communiste. Nous disons : « La moralité, c'est ce qui sert à détruire l'ancienne société d'exploitation et à grouper tous les travailleurs autour du prolétariat pour la création de la nouvelle société communiste ».

La moralité communiste, c'est ce qui sert à cette lutte, c'est ce qui groupe tous les travailleurs contre toute espèce d'exploitation et contre la petite propriété, car la petite propriété livre à un individu ce qui a été créé par le travail de toute la société.

Il faut détruire l'esprit de propriété

Le sol est pour nous propriété commune.

Qu'arrive-t-il si, de cette propriété commune, je prends une partie, que j'y produise deux fois plus de blé qu'il ne m'est nécessaire et que je spécule sur mon surplus de récolte ? Si je calcule que plus les autres souffriront de la faim, plus ils me paieront cher, agirai-je en communiste ?

J'agirai en exploiteur, en propriétaire. Voilà contre quoi il nous faut lutter.

Si les choses continuaient ainsi, nous retomberions sous le pouvoir des capitalistes et de la bourgeoisie, comme il est arrivé maintes fois dans les anciennes révolutions. Pour éviter cette chute, il nous faut interdire ce commerce, il faut empêcher que les uns s'enrichissent aux dépens des autres, et pour cela il faut que les travailleurs se groupent autour du prolétariat et constituent la société communiste.

Tel est le caractère essentiel du rôle que doit jouer la Fédération des Jeunesses Communistes.

L'ancienne société était fondée sur le principe suivant : Ou bien tu pilleras ton prochain, ou bien ton prochain te pillera ; ou bien tu travailles pour un autre, ou bien c'est lui qui travaille pour toi ; ou bien tu commandes à des esclaves, ou bien tu es esclave toi-même. Il est trop clair que les hommes élevés dans une pareille société sucent, avec le lait de leur mère, une psychologie, des habitudes et des idées soit de maître, soit d'esclave, ou bien de petit propriétaire, de petit employé, de petit fonctionnaire, en un mot d'hommes s'occupant uniquement d'avoir ce qu'il leur faut sans s'occuper des autres.

Si j'exploite mon lopin de terre, peu m'importent les autres ; si le voisin a faim, tant mieux, je lui vendrai plus cher mon blé. Si j'ai ma petite place de médecin, d'ingénieur, de maître d'école ou d'employé, que m'importent les autres ?

Peut-être même si je rampe devant les puissants, non seulement je conserverai ma place, mais encore je ferai mon chemin et je deviendrai un bourgeois. Voilà la psychologie et la mentalité qui ne peuvent pas exister chez un communiste.

Lorsque les ouvriers et les paysans ont montré que nous sommes capables par nos propres moyens de nous défendre et de créer une société nouvelle, du même jour est née une nouvelle éducation communiste, éducation faite dans la lutte contre les exploiteurs, et dans l'alliance avec le prolétariat contre les égoïstes et les petits propriétaires, contre la psychologie et les habitudes qui disent : « Je recherche mon bénéfice à moi et le reste ne m'intéresse point. »

Voilà ce que je réponds à la question : Comment devons-nous apprendre le communisme à la jeune génération ?

La base de l'éducation, c'est la lutte

Pour apprendre le communisme, la jeune génération doit constamment lier son instruction, son éducation et sa formation à la lutte incessante des prolétaires et des travailleurs contre l'ancienne société des exploiteurs.

Lorsqu'on nous parle de moralité, nous disons : « Pour le communiste, la moralité consiste tout entière dans cette union, dans cette solidarité disciplinée et dans cette lutte consciente des masses contre les exploiteurs. Nous ne croyons pas à la moralité éternelle, nous dénonçons le mensonge de toutes ces moralités légendaires. »

La moralité sert à l'humanité à s'élever plus haut, à se débarrasser de l'exploitation du travail.

Pour atteindre ce but, il nous faut une génération nouvelle qui ait déjà commencé, dans cette lutte acharnée, mais disciplinée, contre la bourgeoisie, à se changer en hommes conscients. C'est cette lutte qui forme les vrais communistes, c'est elle qui doit commander et conditionner dans tous leurs détails l'instruction, l'éducation et la formation de la jeunesse.

Faire l'éducation de la jeunesse communiste ne consiste pas à lui offrir des discours doucereux ou des règles de moralité. Non, ce n'est pas là de l'éducation.

Quand des hommes ont vu leurs pères et leurs mères passer leur vie sous le joug des propriétaires et des capitalistes, quand ils ont participé eux-mêmes aux souffrances de ceux qui ont engagé les premiers le combat contre les exploiteurs, quand ils ont vu les sacrifices que coûtent la continuation de cette lutte et la défense des conquêtes réalisées, et quels furieux ennemis sont les propriétaires et les capitalistes, ces hommes-là deviennent de vrais communistes.

A la base de la moralité communiste est la lutte pour la consolidation et le parachèvement du communisme, et c'est en même temps la base de l'éducation, de la formation et de l'instruction communistes. Voilà quelle est la réponse à la question : Comment faut-il apprendre le communisme ?

Nous ne croirions pas à l'instruction ni à l'éducation si elles étaient reléguées au fond des écoles et détachées des tempêtes de la vie. Tant que les ouvriers et les paysans restent opprimés par les propriétaires et les capitalistes, tant que les écoles demeurent entre les mains des propriétaires et des capitalistes, la jeune génération demeure aveugle et ignorante.

Nos écoles à nous doivent donner aux jeunes gens les fondements de la science, elles doivent les mettre en état de se forger eux-mêmes une mentalité communiste, elles doivent en faire des hommes cultivés. Elles doivent profiter du temps qu'ils y passent pour en faire des participants à la lutte pour l'affranchissement du joug des exploiteurs.

La Fédération des Jeunesses Communistes pour être digne de son nom, pour être vraiment la Fédération de la jeune génération communiste, doit régler toute son instruction, toute son éducation et sa formation sur la part qu'elle doit prendre à ce combat commun de tous les travailleurs contre les exploiteurs. Vous n'ignorez pas, en effet, que la Russie est pour le moment la seule république ouvrière, que l'ancien régime bourgeois subsiste dans tout le reste du monde : nous sommes plus faibles qu'eux, nous sommes constamment menacés de nouvelles attaques, et ce n'est qu'en maintenant parmi nous la cohésion et l'unanimité que nous triompherons dans la lutte, et qu'après nous être fortifiés, nous deviendrons véritablement invincibles.

Qu'est-ce qu'un communiste?

Ainsi, être communiste, cela signifie organiser et unir toute la jeune génération, donner l'exemple de l'éducation et de la discipline dans cette lutte. Alors seulement vous pourrez entreprendre et mener à terme l'édification de la société communiste.

Pour rendre la chose plus claire je donnerai un exemple. Nous nous nommons communistes.

Qu'est-ce qu'un communiste ?

Communiste vient du mot latin *communis*, qui signifie : commun. La société communiste, c'est la communauté de tout, du sol, des usines, du travail. Voilà ce qu'est le communisme.

Peut-il y avoir travail commun si les hommes exploitent chacun son petit lopin de terre personnel ? La communauté du travail ne se crée pas d'un coup. Elle ne tombe pas du ciel. Elle est le fruit de longs efforts, de longues souffrances, elle se crée peu à peu au cours de la lutte. Les vieux livres ne servent de rien. Personne ne les croit. Il faut l'expérience personnelle de la vie.

Quand Koltchak et Dénikine avançaient contre nous, venant de la Sibérie et du Don, les paysans étaient pour eux. Le bolchévisme ne leur plaisait pas parce que les bolchéviks enlèvent le blé au prix fixé par la taxe. Mais après avoir éprouvé en Sibérie et en Ukraine le joug de Koltchak et de Dénikine, les paysans ont reconnu qu'ils n'avaient le choix qu'entre deux éventualités : ou bien retourner au capitalisme qui les fera retomber dans l'esclavage des propriétaires, ou bien aller vers les ouvriers, qui ne promettent pas monts et merveilles, et qui exigent une discipline de fer et une énergie indomptable dans le dur combat, mais qui les libèrent de l'esclavage des capitalistes et des seigneurs terriens.

Lorsque les paysans, même les plus ignorants, eurent compris et senti cette vérité par leur propre expérience, ils devinrent après cette dure école, des partisans conscients du communisme. C'est cette même expérience que la Fédération des Jeunesses Communistes doit mettre à la base de toute son activité.

J'ai répondu aux deux questions : Que devons-nous apprendre ? que devons-nous emprunter à l'ancienne école et à l'ancienne science ? J'ai dit aussi par quel moyen il faut apprendre tout cela. C'est en liant indissolublement et à tout instant l'instruction, l'éducation et la formation de la jeunesse avec la lutte de tous les travailleurs contre les exploiteurs.

Par quelques exemples empruntés à telle ou telle organisation de la jeunesse, je voudrais vous montrer comment doit se faire l'éducation du communisme.

La jeunesse doit liquider l'analphabétisme

Tous parlent de la liquidation de l'analphabétisme. Il est clair que, dans un pays d'illettrés, il est impossible de construire une société communiste. Mais il ne suffit pas que le pouvoir des Soviets ordonne, ou bien que le parti fournisse un mot d'ordre, ou bien qu'un certain contingent des meilleurs militants soit consacré à cette tâche. Il faut que la jeune génération se mette aussi à l'œuvre.

Le communisme consiste en ce que les jeunes gens et les jeunes filles appartenant à la Fédération des Jeunesses se disent : voilà un travail pour nous, nous nous grouperons et nous irons dans les villages pour apprendre à lire aux illettrés, afin que parmi les jeunes il ne reste plus d'illettrés. Nous travaillons pour que toute l'initiative de la jeunesse soit consacrée à cette œuvre.

Vous le savez, il est impossible de transformer rapidement la Russie ignorante et illettrée en une Russie instruite et éclairée ; mais si la Fédération des Jeunesses y met la main, si toute la jeunesse se dévoue au bien-être de tous, ces 400.000 jeunes gens et jeunes filles qui la composent auront le droit de se nommer Fédération communiste des jeunesses. Son but consiste encore, après s'être assimilé telle ou telle connaissance, à en faire profiter ceux qui n'ont pas pu eux-mêmes se débarrasser des ténèbres de l'ignorance.

Le Jeune Communiste exemplaire

Etre membre de la Fédération des Jeunesses, c'est mettre son travail et son intelligence au service de la communauté. Voilà la vraie éducation communiste. Voilà ce qui fait d'un jeune homme ou d'une jeune fille un véritable communiste. S'il obtient dans son action des résultats pratiques, alors il sera communiste.

Prenez, par exemple, les jardins potagers autour de nos villes. Voilà un travail pour la Fédération des Jeunesses. On a faim dans les usines, tout le monde souffre de la faim. Pour nous sauver, il faut développer la culture maraîchère ; malheureusement cette culture se fait à l'ancienne mode.

Il faut que les éléments les plus conscients se mettent à l'œuvre et alors vous verrez les potagers grandir, leur surface augmenter, les récoltes s'améliorer. A ce travail participera activement la Fédération des Jeunesses Communistes. Chacune de ses organisations doit y voir son devoir immédiat.

La Fédération des Jeunesses Communistes doit être le groupe de choc qui dans tous les domaines apporte son aide, manifeste son initiative. La Fédération doit être telle que chaque ouvrier voie dans ses membres des gens dont la doctrine lui est peut-être incompréhensible, aux idées de qui il ne croira peut-être pas tout de suite, mais dont le travail réel et dont la conduite montrent que ce sont eux qui indiquent la véritable route.

Si la Fédération des Jeunesses Communistes n'arrive pas à exercer dans tous les domaines l'action ainsi définie, c'est qu'elle s'est fourvoyée dans les anciens sentiers bourgeois.

Il nous faut lier indissolublement notre éducation à la lutte des travilleurs contre les exploiteurs, afin d'aider les premiers à résoudre les problèmes qui découlent de la doctrine communiste.

Les membres des Jeunesses Communistes doivent consacrer toutes leurs heures de loisir à améliorer la culture dans les potagers, à organiser, dans une usine ou une fabrique quelconque, l'instruction de la jeunesse, etc.

De notre Russie pauvre et misérable nous voulons faire une contrée riche. Il faut que la Fédération des Jeunesses Communistes unisse sa formation, son instruction et son éducation au labeur des paysans et des ouvriers et qu'elle ne s'enferme pas dans ses écoles en se bornant à lire les livres et les brochures communistes.

C'est seulement en travaillant avec les ouvriers et les paysans qu'on peut devenir un vrai communiste.

Il faut que tous voient que les membres des Jeunesses Communistes sont instruits, et en même temps qu'ils savent travailler. Lorsque tous verront que nous avons éliminé de l'ancienne école le dressage autoritaire, que nous l'avons remplacé par une discipline consciente, que nos jeunes gens participent aux samedis communistes, qu'ils utilisent les exploitations rurales suburbaines pour rendre service à la population, on se mettra à considérer le travail d'un autre œil qu'autrefois.

Les membres des Jeunesses Communistes doivent, dans leur village ou dans leur quartier, apporter leur contribution par exemple à la répartition des vivres ou au maintien de la propreté.

Comment cela se faisait-il sous le régime capitaliste ?

Chacun travaillait pour soi, personne ne faisait attention s'il y avait ici des vieux ou des malades, ou bien si tout le ménage retombait sur une pauvre femme asservie et écrasée.

Qui donc combattra tout cela ? La Fédération des Jeunesses qui doit dire : nous transformerons cela, nous organiserons des détachements de jeunes gens qui aideront à nettoyer ou à distribuer les vivres, qui visiteront systématiquement les maisons, qui travailleront pour le bien de tous, en répartissant justement les forces et en montrant que le travail doit être le travail organisé.

La jeunesse doit apprendre à travailler de façon consciente et disciplinée

La génération qui a maintenant 50 ans ne peut espérer voir la société communiste. Elle sera morte avant.

Mais la génération qui a aujourd'hui 15 ans verra, elle la société communiste et travaillera à la construire.

Elle doit savoir que tout le but de sa vie est la construction de cette société.

Dans l'ancienne société, le travail se faisait par familles isolées, et personne n'établissait la liaison, si ce n'est les propriétaires et les capitalistes, oppresseurs de la masse du peuple. Nous, au contraire, nous devons organiser tous les travaux, si sales ou si durs qu'ils soient, de telle sorte que chaque ouvrier, chaque paysan se dise : je suis une partie de la grande armée du travail et je saurai bien organiser ma vie sans propriétaires et sans capitalistes, je saurai bien établir le régime communiste.

Il faut que la Fédération des Jeunesses Communistes élève tous les enfants, dès leur bas âge, dans l'idée du travail conscient et discipliné.

Alors seulement nous pouvons espérer que le but que nous nous proposons sera atteint.

Nous calculons qu'il faut au moins dix ans pour électrifier le pays, pour que notre Russie déshéritée puisse profiter des dernières conquêtes de la science.

La génération qui a aujourd'hui quinze ans et qui d'ici dix à vingt ans vivra dans une société communiste, doit organiser son éducation de façon que chaque jour, dans chaque ville ou village, la jeunesse résolve pratiquement tel ou tel problème de travail communiste, fût-ce le plus minuscule, fût-ce le plus simple.

Dans la mesure où ce programme se réalisera à travers les villages, dans la mesure où se développera la saine émulation communiste, dans la mesure où la jeunesse montrera qu'elle sait unir ses efforts, le succès de l'édification communiste sera assuré.

Ce n'est qu'en considérant chacun de ses actes du point de vue de ce succès, *ce n'est qu'en se demandant constamment : avons-nous tout fait pour être des travailleurs unis et conscients ? que la Fédération des Jeunesses Communistes groupera le demi-million de ses membres en une grande armée du travail et méritera le respect général.*

L'Internationale des Jeunes

C'est sous ce titre que paraît en Suisse et en langue allemande *l'organe de lutte et de propagande de l'Union internationale des organisations socialistes de la jeunesse*. Six numéros de cette publication sont déjà parus. Il est nécessaire de les signaler et de les recommander vivement à l'attention de tous les membres de notre parti qui ont la possibilité de toucher les partis social-démocrates de l'étranger et leurs organisations de la jeunesse.

La plupart des partis social-démocrates d'Europe sont maintenant sur la plate-forme du social-chauvinisme et de l'opportunisme le plus bas, le plus vil. Tels sont les partis allemands et français, le *Labour Party* en Angleterre, les partis suédois, hollandais, (parti de Troëlstra), danois, autrichien et autres. Dans le parti suisse, en dépit de la séparation (pour le plus grand bien du mouvement ouvrier) des ultra-opportunistes qui ont formé l'union indépendante de Grütlich, il est resté à l'intérieur du parti social-démocrate un bon nombre d'opportunistes, de social-chauvins et de chefs de la tendance de Kautsky qui ont encore une grande influence sur le parti.

Etant donné cette situation des partis en Europe, les organisations socialistes des jeunesses se trouvent placées devant une tâche très importante et très fructueuse, mais difficile: celle de la lutte *pour* un internationalisme révolutionnaire, *pour* un véritable socialisme contre l'opportunisme dominant qui s'est rangé aux côtés de la bourgeoisie impérialiste. Dans l'*Internationale de la Jeunesse* on trouve une série de bons articles pour la défense de l'internationalisme révolutionnaire, et toute cette publication est pénétrée d'un excellent esprit d'ardente haine contre les traîtres du socialisme et les défenseurs de la patrie et du plus sincère désir de purifier le mouvement ouvrier international du chauvinisme et de l'opportunisme rongeurs.

Il va de soi qu'il n'y a pas encore dans cet organe de clarté et de fermeté théoriques et on ne les trouvera jamais, précisément parce que c'est l'organe d'une jeunesse bouillante, impétueuse et avide de recherches. Mais nous devons nous comporter autrement devant l'insuffisance de clarté théorique de ces jeunes gens que nous nous comportons — et que nous devons nous comporter — envers la confusion théorique dans les cerveaux et l'absence de convictions révolutionnaires conséquentes dans les cœurs de nos socialistes-révolutionnaires tolstoïens, anarchistes et kautskistes de toute l'Europe (du centre), etc. *Ici, nous sommes en présence d'adultes qui trompent et égarent le prolétariat en prétendant conduire et éduquer les autres et contre qui il est nécessaire de mener une lutte impitoyable ; là, nous avons affaire à des organisations de la jeunesse qui déclarent ouvertement qu'elles apprennent encore et que leur principale tâche est de former des militants pour le parti.* Et nous devons de toute façon aider ces derniers, nous montrer patients devant leurs fautes en nous efforçant de les corriger mais par *persuasion* et non par la lutte. Il n'est pas rare que les gens d'un certain âge ou les vieux, ne sachent pas aborder comme il le faudrait cette jeunesse qui, par la force des choses, est obligée de venir au socialisme autrement, par d'autres voies, sous d'autres formes et dans d'autres conditions que ses pères. *C'est pourquoi nous devons être sans réserve pour une organisation indépendante de l'union des jeunesses, et cela non seulement parce que les opportunistes craignent cette indépendance, mais par principe. En effet, sans une complète indépendance, la jeunesse ne pourra pas faire sortir de son sein de bons socialistes, ni se préparer à conduire le socialisme en avant.*

Donc, pour l'indépendance la plus complète de l'union de la jeunesse, oui, mais aussi pour une complète liberté de la critiquer en toute camaraderie pour ses erreurs ! En aucun cas nous ne devons flatter la jeunesse.

Au nombre des fautes de l'organe que nous avons qualifié d'excellent, il faut ranger en premier lieu les trois suivantes :

1° Dans la question du désarmement, on occupe une position fausse, que nous critiquons plus haut dans un article spécial. Nous avons quelque raison de penser que cette erreur est provoquée exclusivement par une bonne tendance à souligner la nécessité d'orienter les efforts vers la « destruction complète du militarisme » (ce qui est entièrement juste), mais en oubliant le rôle que joue la guerre civile dans une révolution socialiste.

2° Dans la question de la différence entre anarchistes et socialistes et de leur attitude envers l'Etat, sous la signature de Nota-Bene (N° 6), on commet une grosse faute (ainsi que dans plusieurs autres questions comme, par exemple, celle des motifs de notre lutte contre le mot d'ordre : « défense de la patrie »). L'auteur veut donner une « idée claire de l'Etat en général » (parallèlement au tableau de l'Etat impérialiste de rapines). Il cite quelques déclarations de Marx et d'Engels et il arrive, entre autres, à ces deux déductions :

a) « ...Il est tout à fait erroné de considérer que la différence entre socialistes et anarchistes consiste uniquement en ce que les premiers sont partisans et les seconds adversaires de l'Etat. La différence consiste en réalité en ce que la social-démocratie veut organiser une nouvelle production sociale centralisée, c'est-à-dire techniquement plus avancée, alors que la production anarchiste décentralisée signifierait un pas en arrière vers l'ancienne technique et les anciennes formes d'entreprises ». Ce n'est pas exact. L'auteur pose la question de savoir en quoi les socialistes et les anarchistes se différencient dans leur attitude envers l'Etat, et, au lieu de répondre à cette question, il répond à une *autre* : il dit en quoi se différencie leur attitude envers les bases économiques de la société future. Certes, c'est une question très importante et nécessaire. Mais il ne s'ensuit pas que nous devions oublier le *principal* dans la différence d'attitude des socialistes et des anarchistes envers l'Etat. Les socialistes veulent utiliser l'Etat moderne et ses institutions dans la lutte pour la libération de la classe ouvrière, et comprennent également la nécessité d'utiliser l'Etat pour cette forme particulière qu'est le passage du capitalisme au socialisme. Cette forme transitoire qui est *aussi* un Etat, c'est la dictature du prolétariat.

Les anarchistes veulent « changer » l'Etat, le faire sauter (*sprengen*) selon l'expression que l'on trouve à un endroit de l'article du camarade Nota-Bene, qui attribue par erreur ce point de vue aux socialistes. Les socialistes — l'auteur malheureusement ne cite que d'une façon trop incomplète les paroles d'Engels à ce sujet — reconnaissent le dépérissement, « l'assoupissement graduel » de l'Etat, après l'expropriation de la bourgeoisie.

b) « La social-démocratie, qui est, ou qui tout au moins doit être l'éducatrice des masses, doit, maintenant plus que jamais, bien marquer son opposition de principe envers l'Etat... La guerre actuelle a montré combien la conception de l'Etat avait poussé de profondes racines dans l'esprit des ouvriers ». C'est ce qu'écrit Nota-Bene. Mais pour bien marquer cette opposition de principe envers l'Etat, il faut, en réalité, la comprendre clairement, et c'est précisément cette clarté qui manque à l'auteur. La phrase concernant les racines de la « conception de l'Etat » est tout à fait confuse, elle n'est ni marxiste, ni socialiste. Ce n'est pas la conception de l'Etat qui s'est heurtée à la néation de l'Etat, mais la politique opportuniste (c'est-à-dire l'attitude opportuniste, réformiste et bourgeoise envers l'Etat) qui s'est heurtée à la politique révolutionnaire (c'est-à-dire à l'attitude révolutionnaire social-démocrate envers l'Etat bourgeois et son utilisation contre la bourgeoisie en vue de son renversement). Ce sont là des choses tout à fait différentes. Nous comptons revenir sur cette question dans un prochain article.

3° Dans la « Déclaration de principe de l'Union internationale des organisations socialistes de la jeunesse » publiée dans le n° 6 comme projet du secrétariat, il y a pas mal d'imprécisions et il manque le principal : une comparaison claire des trois tendances essentielles (social-chauvinisme ; « centre » ; « gauche ») qui luttent dans le mouvement socialiste du monde entier.

Je le répète, il faut corriger ces erreurs et tout faire pour les mettre en lumière, mais en recherchant un contact et un rapprochement avec les organisations de la jeunesse, en aidant ces dernières par tous les moyens.

Mais il faut savoir les aborder intelligemment.

1916.

Contre la guerre

L'éducation antimilitariste des jeunes

La question de l'antimilitarisme au congrès de Stuttgart de la IIe Internationale en 1907.

...Passons à la dernière et, peut-être même, à la plus importante résolution du congrès : celle qui concerne l'antimilitarisme. Le fameux Hervé, qui fit tant parler de lui en France et en Europe, défendait sur cette question un point de vue semi-anarchiste, en proposant naïvement de « répondre » à toute guerre par la grève et l'insurrection. Il ne comprenait pas, d'une part, *que la guerre est le produit nécessaire du capitalisme et que le prolétariat ne peut renoncer à participer à une guerre révolutionnaire puisque de telles guerres sont possibles et ont eu lieu en société capitaliste.* Il ne comprenait pas, d'autre part, que la possibilité de « répondre » à la guerre dépend aussi du caractère de la crise qu'elle provoque.

Le choix des moyens dépend de ces conditions et cette lutte doit consister (c'est le troisième point de l'erreur ou du malentendu de l'hervéisme) non dans le remplacement de la guerre par la paix, mais dans le remplacement du capitalisme par le socialisme. Il ne s'agit pas seulement d'empêcher la guerre d'éclater, il s'agit d'utiliser la crise qu'elle engendre pour accélérer le renversement de la bourgeoisie.

Cependant sous les inepties anarchisantes de l'hervéisme, se dissimulait une pensée juste : donner un stimulant au socialisme, en ce sens qu'il ne doit pas se limiter aux seuls moyens de luttes parlementaires, qu'il doit développer dans les masses la conscience de la nécessité des moyens d'action révolutionnaires en liaison avec la crise que la guerre provoque inévitablement et, en ce sens enfin, qu'il faut éveiller dans les masses une conscience plus vive de la solidarité internationale des travailleurs et du mensonge du parlementarisme bourgeois.

La résolution de Bebel que présentaient les Allemands et qui, dans ses points essentiels, coïncidait avec celle de Guesde, péchait surtout en ce qu'elle ne contenait aucune indication sur le rôle actif et les tâches du prolétariat. De là la possibilité de lire les déductions orthodoxes de Bebel à travers les lunettes opportunistes. Vollmar transforma aussitôt cette possibilité en réalité.

C'est pourquoi Rosa Luxembourg et les délégués social-démocrates russes apportèrent leurs amendements à la résolution de Bebel. Dans ces amendements : 1° il était dit que le militarisme est l'arme principale de la domination de classe ; 2° on indiquait les tâches de l'agitation parmi la jeunesse ; 3° on soulignait que le problème, pour la social-démocratie, consistait non seulement à lutter contre l'éventualité de la guerre ou à faire cesser rapidement la guerre déjà déclarée, mais aussi et surtout à utiliser la crise causée par la guerre pour accélérer la chute de la bourgeoisie. Dans ces amendements de la sous-commission élue pour étudier la question de l'antimilitarisme, on inséra la résolution de Bebel. En outre, Jaurès fit une suggestion heureuse. Il proposa que, au lieu d'indiquer les moyens de lutte (grève, insurrection, etc.) on donnât des exemples historiques de la lutte du prolétariat contre la guerre, en commençant par les démonstrations en Europe et en terminant par la révolution en Russie.

De toute cette lente élaboration, sortit une résolution qui, il est vrai, était démesurément longue, mais qui n'en était pas moins réellement riche en pensées et indiquait avec précision les tâches du prolétariat. A une analyse rigoureusement orthodoxe, c'est-à-dire à l'analyse scientifique marxiste, cette résolution joignait l'indication des formes de luttes les plus décisives et les plus révolutionnaires. Il ne faut pas plus lire cette résolution à la manière de Vollmar qu'il ne faut la placer dans le cadre étroit du naïf hervéisme.

En général, le Congrès de Stuttgart a opposé avec relief, dans une série de questions très importantes, l'aile opportuniste et l'aile révolutionnaire de la social-démocratie internationale et a donné la solution de ces questions dans l'esprit du marxisme révolutionnaire.

1907.

⚬ ⚬ ⚬

Du mot d'ordre du désarmement

Dans une série de pays, pour la plupart petits et demeurés en marge de la guerre actuelle, par exemple en Suède, en Norvège, aux Pays-Bas et en Suisse, des voix se font entendre qui voudraient que la vieille revendication, faisant partie du programme minimum social-démocrate et portant sur la « milice » ou l' « armement du peuple » fût remplacée par un point nouveau, celui du « désarmement ». La *Jugend-Internationale* (*Internationale des Jeunesses*), journal de l'organisation internationale des jeunes, a publié, dans son numéro 3, un éditorial en faveur du désarmement.

Une classe opprimée qui ne chercherait pas à apprendre le maniement des armes, à se procurer des armes, ne mériterait que d'être traitée en esclave. Nous ne devons pas oublier, sous peine de nous transformer en pacifistes bourgeois ou en opportunistes, que nous vivons dans une société de classes et que. pour en sortir, il n'y a pas et ne peut pas y avoir d'autre issue en dehors de la lutte des classes et du renversement du pouvoir que détiennent les classes dominantes.

Notre mot d'ordre doit être : armement du prolétariat en vue de vaincre, d'exproprier et de désarmer la bourgeoisie. C'est là la seule tactique possible de la part d'une classe révolutionnaire, tactique qui découle de toute l'évolution objective du militarisme capitaliste et que cette évolution prescrit. Ce n'est qu'après avoir désarmé la bourgeoisie que le prolétariat pourra, sans trahir sa mission universelle et historique, jeter à la ferraille toute arme en général — ce qu'il fera certainement, mais alors seulement et pas avant...

C'est l'affaire de la bourgeoisie de développer les trusts, de pousser femmes et enfants dans les fabriques, de les y torturer, de les corrompre, de les condamner à une misère extrême. Nous ne « réclamons » pas pareille évolution, nous ne l' « appuyons » pas, nous la combattons. Mais comment luttons-nous contre elle ? Nous savons que les trusts et le travail de la femme à l'usine ont une signification progressive. Nous ne voulons pas revenir en arrière, à l'artisanat, au capitalisme pré-monopoliste, au travail de la femme à la maison. En avant, à travers les trusts, etc... et plus loin encore, au socialisme !

Ce raisonnement qui tient compte de la marche objective de l'évolution, est également applicable, avec des changements appropriés, à la militarisation actuelle du peuple. Aujourd'hui, la bourgeoisie impérialiste militarise non seulement tout le peuple, mais aussi la jeunesse. Demain, on peut s'attendre qu'elle se mette à militariser les femmes. Nous devons dire à ce sujet : « Tant mieux ! En avant le plus rapidement possible ! Plus cela ira vite, plus sera proche le soulèvement armé contre le capitalisme ». Comment les social-démocrates peuvent-ils se laisser effrayer par la militarisation de la jeunesse, etc, s'ils n'oublient pas la Commune ?...

Un observateur bourgeois de la Commune a écrit, en mai 1871, dans un journal anglais : « Si la nation française ne comprenait que des femmes, quelle terrible nation ce serait ! ». Les femmes et les enfants à partir de 13 ans combattirent durant la Commune aux côtés des hommes. Il ne peut pas être autrement non plus dans les batailles futures pour le renversement de la bourgeoisie. Les femmes prolétariennes ne regarderont pas passivement la bourgeoisie bien armée fusiller les ouvriers mal armés ou sans arme aucune. Elles prendront les armes comme en 1871, et des nations actuelles apeurées, ou plutôt du mouvement ouvrier actuel désorganisé bien plus par les opportunistes que par les gouvernements, sortira certainement tôt ou tard une alliance internationale des « nations terribles » du prolétariat révolutionnaire.

Actuellement, la militarisation pénètre toute la vie publique. L'impérialisme est une lutte acharnée des grandes puissances pour le partage et le repartage du monde ; aussi doit-il nécessairement conduire à la militarisation toujours plus grande dans tous les pays, les pays neutres et les petits pays y compris. Contre cela, que doivent faire les femmes prolétaires ? Se contenter de maudire toute guerre et tout ce qui est militaire, se contenter d'exiger le désarmement ? Jamais les femmes d'une classe opprimée qui est vraiment révolutionnaire ne se résigneront à un rôle si déshonorant. Elles diront à leurs fils :

« *Tu vas bientôt être un homme ; on te donnera une arme. Prends-là et apprends bien le métier militaire. Cette science est indispensable aux prolétaires, non pour tirer sur tes frères, les ouvriers des autres pays, comme cela se fait dans la guerre actuelle et comme te le conseillent les traîtres au socialisme, mais pour combattre la bourgeoisie de ton propre pays, pour mettre fin à l'exploitation, à la misère et aux guerres, non pas par de pieux souhaits, mais par la victoire sur la bourgeoisie et par le désarmement de cette dernière.* »

Si l'on ne veut pas mener une telle propagande, et précisément une propagande de cet ordre en rapport avec la guerre actuelle, mieux vaut cesser d'avoir à la bouche les grands mots de social-démocratie révolutionnaire et internationale, de révolution sociale, de guerre à la guerre.

En ce qui concerne la milice, nous devrions dire, pour donner une réponse concrète et pratiquement nécessaire : Nous ne sommes pas pour une milice bourgeoise, mais seulement pour une milice prolétarienne. Aussi « pas un sou et pas un homme » non seulement pour une armée permanente, mais pour une milice bourgeoise, même dans les pays tels que les Etats-Unis ou la Suisse, la Norvège, etc... d'autant moins que nous assistons, même dans les Etats républicains les plus libres (la Suisse par exemple) à une « prussianisation » progressive de la milice, à sa prostitution par l'usage qu'on en fait, en la mobilisant contre les grévistes. Nous pouvons exiger l'élection des officiers par le peuple, la suppression de toute justice militaire, l'égalité des ouvriers étrangers et indigènes au point de vue des droits (point particulièrement important en ce qui concerne les pays impérialistes qui, comme la Suisse, exploitent des ouvriers étrangers en nombre croissant et de façon de plus en plus cynique, et les laissent sans droits). Ensuite : droit, par exemple, pour chaque centaine d'habitants d'un pays donné, de former des associations libres en vue d'étudier l'art militaire intégralement, de choisir librement des instructeurs militaires dont le travail serait rétribué par l'Etat, et ainsi de suite.

1915.

Extrait de la lettre d'adieu aux ouvriers suisses

Au moment de quitter la Suisse, nous pensons avec des sentiments fraternels à nos camarades de lutte, social-démocrates révolutionnaires suisses ; nous pensons à ceux qui luttent pour expliquer les questions essentielles de la classe ouvrière, qui, dans la campagne menée pour reculer la date du Congrès, luttent pour son maintien à Pâques 1917, ou formulent, impriment en allemand et en français et diffusent l'exposé du referendum. Vous avez essayé de résoudre la question extrêmement importante de notre position devant la guerre dans le sens d'une adjonction au projet des jeunesses et des « gauches » au Congrès central à Tosz ; vous avez en mars 1917 édité dans la Suisse française un tract et vous avez propagé nos projets de paix en montrant clairement les tâches révolutionnaires incombant au prolétariat.

Nous pensons à la vaillante avant-garde des jeunesses qui, groupée autour de la « Libre Jeunesse », lutta avec un élan révolutionnaire contre toutes les fautes qui affaiblirent et annihilèrent la volonté de combattre aussi bien de la social-démocratie suisse que des autres partis européens social-démocrates.

1917.

Le travail des enfants dans l'économie paysanne

Pour juger exactement des conditions auxquelles est soumise la petite entreprise agricole en régime capitaliste, il importe avant tout d'examiner la situation de l'ouvrier, son salaire, la quantité de travail fourni, ses conditions de vie ; ensuite l'entretien du bétail et les soins à lui donner ; enfin les procédés de culture et de fumure de la terre, l'exploitation forcenée du sol, etc.

Il n'est pas difficile de comprendre que, si nous négligeons ces questions (comme le fait à tout instant l'économie politique bourgeoise), nous arrivons à nous faire une idée complètement erronée de l'économie rurale, car sa « viabilité » *réelle* dépend précisément de la situation du travailleur agricole, des conditions de l'entretien du bétail et de la culture de la terre.

Admettre sans raison qu'ici la petite et la grande entreprise vivent dans les mêmes conditions, c'est admettre comme prouvé ce qui justement doit être démontré ; c'est se placer de suite au point de vue bourgeois.

La bourgeoisie veut démontrer que le paysan est « propriétaire » authentique, viable et qu'il n'est pas, comme l'ouvrier agricole, un esclave du capital encore plus lié et moins libre que celui-ci. Si l'on veut chercher sérieusement et consciencieusement des faits pour trancher cette question controversée, il faut rechercher les arguments systématiques et objectifs concernant les *conditions d'existence et de travail* dans la grande entreprise et dans la petite exploitation.

Au nombre de ces données — et parmi les plus importantes — il faut mettre le degré d'utilisation du *travail des enfants.* Plus l'exploitation du travail des enfants est forte, plus la situation de l'ouvrier est mauvaise et plus son existence est difficile.

Les statistiques agricoles autrichiennes et allemandes fournissent des chiffres sur le nombre d'enfants et d'adolescents par rapport au nombre total des personnes occupées dans l'agriculture. En Autriche, les ouvriers et ouvrières âgés de moins de 16 ans sont enregistrés en particulier. Sur un chiffre total de 9 millions leur nombre était de 1.200.000, soit une proportion de 13 %. En Allemagne, par contre, seuls les mineurs âgés de moins de 14 ans sont différenciés et leur nombre s'élevait à six cent mille (601.937) sur quinze millions (15.169.549), soit une proportion de 3,9 %.

Il est clair qu'on ne peut pas comparer les données autrichiennes et les données allemandes. Mais ce qui est parfaitement comparable c'est le rapport entre les exploitations agricoles prolétariennes, paysannes et capitalistes, tel qu'il ressort de ces chiffres donnés.

Par entreprises prolétariennes nous entendons les petites parcelles (jusqu'à 2 hectares par exploitation) qui procurent aux salariés un gain accessoire. Comme entreprises paysannes nous comptons celles qui comprennent 2 à 20 hectares ; ici le travail familial l'emporte sur le travail salarié. Enfin, il y a les entreprises capitalistes (grandes entreprises) où domine le travail salarié par rapport au travail familial.

Les chiffres concernant le travail des enfants dans ces trois exploitations-types sont :

Exploitations	Groupe des Exploitations	Nombre d'enfants sur 100 personnes occupées dans l'agriculture	
		En Autriche jusqu'à 16 ans	En Allemagne jusqu'à 14 ans
Prolétariennes. . .	jusqu'a 1/2 habits.	8.8	2,2
	de 1/2 à 2 »	12,2	3,9
Paysannes. . . .	» 2 à 5 »	15,3	4,6
	» 5 à 10 »	15,6	4,8
	» 10 à 20 »	12,8	4,5
Capitalistes . . .	» 20 à 100 »	11,1	3,4
	» 100 et au-dessus	4,2	3,6
	moyenne	13	3,9

Ainsi, en Allemagne comme en Autriche, c'est dans l'économie paysanne en général et particulièrement dans les entreprises paysannes moyennes (5 à 10 ha.) que l'exploitation du travail des enfants est le plus considérable.

Ainsi, non seulement la petite production est plus mal organisée que la grande, mais l'exploitation proprement paysanne est plus mal installée non seulement que l'entreprise capitaliste mais aussi que l'exploitation prolétarienne.

Comment expliquer ce phénomène ?

Dans l'exploitation prolétarienne, la terre est cultivée sur une étendue si infime qu'on ne peut réellement parler d'une « exploitation ». La culture des terres est ici une *occupation accessoire ;* l'occupation principale, c'est le travail salarié dans l'agriculture et dans l'industrie. L'influence de l'industrie améliore généralement le niveau d'existence de l'ouvrier et réduit surtout l'exploitation du travail des enfants.

En Allemagne, par exemple, le dénombrement ne donnait que 0,3 % d'ouvriers âgés de moins de 14 ans dans l'industrie (c'est-à-dire dix fois moins que dans l'agriculture) et seulement 8 % jusqu'à 16 ans.

Dans l'entreprise paysanne au contraire, l'influence de l'industrie est plus faible, mais la concurrence de l'agriculture capitaliste bien plus forte. Le paysan n'est pas à même d'exister sans se surmener et sans faire travailler ses enfants deux fois plus durement. La nécessité contraint le paysan à rattraper par ses épaules son manque de capital et de perfectionnement technique. Mais si c'est chez le paysan que les enfants travaillent le plus durement, cela signifie aussi que le bétail y doit travailler bien plus durement, qu'il y est plus mal nourri. La nécessité de tendre toutes les forces et de faire des « économies » sur tout, met son empreinte sur l'entreprise tout entière.

La statistique allemande montre que, parmi les salariés, c'est dans les grandes exploitations capitalistes (100 habitants et au-dessus) que la proportion des enfants est la plus forte (3,7 % à 4 %). Parmi les travailleurs familiaux, les enfants sont le plus nombreux chez les paysans, environ 5 % (de 4,9 à 5,2 %). Chez les ouvriers saisonniers, le pourcentage des enfants dans les grandes exploitations capitalistes atteint jusqu'à 9 % et dans les familles ouvrières saisonnières, ce pourcentage atteint chez les paysans de 16,5 % à 24,4 %.

Dans la belle saison le paysan manque de main-d'œuvre ; il ne peut embaucher que très peu d'ouvriers ; il est forcé d'atteler autant que possible ses propres enfants au travail. De là vient que dans l'agriculture allemande le pourcentage des enfants dans les familles ouvrières dépasse une fois et demie le pourcentage existant chez les ouvriers salariés. Pour la famille travailleuse il y a 4,4 % d'enfants et, pour les salariés, 3 %.

Dans son travail, le paysan doit fournir plus d'efforts que l'ouvrier salarié. Ce fait, qui est confirmé par des milliers d'observations particulières, est prouvé maintenant par la statistique de pays entiers. *Le capitalisme condamne les paysans à l'oppression la plus forte et à la ruine. Il n'y a pas d'autre salut que l'adhésion des salariés à la lutte de classe. Mais pour comprendre cela, il faut que le paysan traverse de longues années de mots d'ordre bourgeois trompeurs et décevants.*

◎ ◎ ◎

A la nouvelle génération, à propos du trotskisme

Extrait de l'article : « La violation de l'unité au cri de Vive l'unité ! ».

...Les vieux militants marxistes russes connaissent bien Trotsky et il est inutile de leur en parler. Mais la jeune génération ouvrière ne le connaît pas et il faut lui en parler, car c'est là une figure typique pour les cinq groupes étrangers qui flottent entre les liquidateurs et le parti.

Au temps de la vieille *Iskra* (1) (1901-1903), ces éléments hésitants qui allaient continuellement des *économistes* (2) aux *iskristes* et *vice-versa*, avaient été surnommés les « voltigeurs de Touchine ». (C'est

(1) L'*Iskra*, premier journal social-démocrate panrusse, joua un très grand rôle dans la création de notre parti. Ce journal fut appelé la nouvelle *Iskra* après que les menchéviks s'en furent emparés (N. D. L. R.)

(2) L'*économisme*, premier courant opportuniste dans le parti social-démocrate ouvrier russe, niait la nécessité de la lutte politique du prolétariat, de la création d'un parti fortement cimenté et proposait de lutter uniquement pour les petites revendications économiques des ouvriers. Cette tendance avait déjà été condamnée au IIe Congrès en 1903. (N. D. L. R.)

ainsi qu'on appelait en Russie, aux temps troublés, les guerriers qui passaient d'un camp à un autre)...

Les « voltigeurs de Touchine » se proclament au-dessus des fractions pour la simple raison qu'ils empruntent leurs idées tantôt à une fraction, tantôt à une autre. De 1901 à 1903, Trotsky fut un *iskriste* fougueux et, au congrès de 1903, il fut, selon Riazanov, la « trique de Lénine ». Vers la fin de 1903, il devient menchévik enragé, c'est-à-dire abandonne les *iskristes* pour les *économistes* et déclare qu'il y a « un abîme entre l'ancienne et la nouvelle *Iskra* ». En 1904-1905, il s'éloigne des menchéviks, sans pouvoir toutefois se fixer, tantôt collaborant avec Martinov (économiste), tantôt proclamant la doctrine ultra-gauche de la « révolution permanente ». En 1906-1907, il se rapproche des bolchéviks et se déclare solidaire de la position de Rosa Luxembourg (1).

A l'époque de la dislocation, après de longues tergiversations, il évolue de nouveau vers la droite et, en août 1912, fait bloc avec les liquidateurs (2). Maintenant il abandonne de nouveau ces derniers tout en répétant au fond leurs idées.

De tels types sont caractéristiques, en tant que débris des groupements et formations historiques de la dernière période, alors que la masse ouvrière russe était encore en léthargie et que chaque groupe pouvait s'offrir le luxe de se présenter comme un courant, une fraction, « une puissance » négociant son union avec une autre.

---

(1) Rosa Luxembourg, de même que les menchéviks sous-estimait le rôle dirigeant du parti dans la lutte de classe et dans la révolution. (N. D. L. R.)

(2) Les liquidateurs, nom donné aux mencheviks après la révolution de 1905. Ils proponaient de mener la lutte contre le tsarisme dans le cadre offert par la législation tsariste et de renoncer à avoir une organisation du parti illégale. (N.D.L.R.)

Il faut que la jeune génération sache avec qui elle a affaire lorsque certaines personnes élèvent des prétentions incroyables et ne veulent tenir compte ni des décisions par lesquelles le parti a déterminé, en 1908, son attitude à l'égard du « liquidationnisme », ni de l'expérience du mouvement ouvrier russe contemporain, qui a, en fait, réalisé l'unité de la majorité sur la base de la reconnaissance intégrale de ces décisions.

1913.

Ce que doit être l'école

Les tâches de l'instruction publique dans la République soviétiste

Discours prononcé au 1er Congrès panrusse de l'instruction publique en 1918.

Au Commissariat de l'instruction publique, vient d'incomber une mission des plus difficiles : l'éducation nouvelle du peuple russe.

Dans tous les Etats, quelque libres qu'ils soient, l'enseignement reste malgré tout un des moyens des classes bourgeoises pour réaliser leurs visées conquérantes. L'école russe, au contraire, est délivrée, d'ores et déjà, de cette tutelle de la bourgeoisie et elle commence, en même temps que le peuple délivré de l'esclavage, une nouvelle vie basée sur le socialisme, la fraternité et l'égalité.

Nous avons déjà commencé à construire l'école nouvelle et la vie nouvelle, mais nous n'avons pas encore gravi tout le rude chemin des épreuves, une lutte nous attend encore, lutte qui ne peut avoir qu'une issue, notre victoire.

Maintenant toutes les terres, toutes les entreprises

sont passées entre les mains des ouvriers et des paysans. Les travailleurs sont maintenant appelés non seulement à être debout près du tour et à marcher derrière la charrue, mais aussi à administrer la propriété foncière et les moyens de production, les fabriques. Naturellement un vif désir d'apprendre et de savoir s'est éveillé maintenant chez les ouvriers. Les travailleurs aspirent à la science et tendent vers les écoles, et c'est maintenant notre devoir de leur procurer le savoir et les écoles.

D'aucuns nous reprochent de faire de l'école une école de classe. Mais l'école a toujours été une école de classe. Si nous remarquons maintenant du sabotage de la part des professeurs des écoles supérieures, cela prouve alors que ces professeurs visent à monopoliser notre école, à la transformer en un instrument de la lutte de classes, et à en faire une arme dirigée contre les ouvriers et les paysans. En effet, qu'est-ce qui aurait provoqué cette guerre entrée déjà dans sa cinquième année, sinon le fait que les ennemis du peuple laborieux exploitent l'école à leurs fins ? Dans les écoles de l'ancien type on inocule inévitablement des préjugés nationaux à l'enfant ; on y nourrit et attise la haine contre d'autres peuples, contre les travailleurs d'autre nationalité. Dans les pays bourgeois, l'école est pleine de mensonges et de tromperies enseignées au profit de la bourgeoisie. La bourgeoisie exploite, le plus habilement possible et pour ses fins propres les sentiments de haine contre certaines nationalités surtout pendant la guerre qui lui procure des profits formidables.

Voyons notre temps, par exemple. Nous avons maintenant des milliers de millionnaires qui ont surgi pendant la guerre comme des champignons après une bonne pluie. Ils ont besoin de la guerre pour s'enrichir, et voilà pourquoi ils n'hésiteraient pas à exploiter l'école pour leurs buts purement impérialistes. Mais nous ne devons pas le permettre. Nous déclarons que notre école sera aussi une école de classe, mais qui défendra exclusivement les intérêts des couches laborieuses de la population.

Il faut employer toutes nos forces, toutes nos énergies, et tout notre savoir pour élever le plus rapidement possible l'édifice de notre future école du travail, qui seule sera capable de nous protéger dans l'avenir contre tous les conflits et carnages mondiaux pareils à ceux qui durent déjà depuis cinq ans.

◎ ◎ ◎

Plus d'attention

a l'école de fabrique et d'usine!

Chez nous on fait trop peu, extrêmement peu pour adapter notre budget d'Etat en premier lieu aux besoins de l'instruction populaire élémentaire. Par contre, dans notre Commissariat de l'Instruction publique, on peut trouver à tout instant du personnel superflu dans telle ou telle maison d'éditions d'Etat ; or, en premier lieu, la sollicitude de l'Etat ne doit pas être consacrée aux maisons d'éditions, mais à l'existence de lecteurs afin que, dans la Russie de l'avenir, les maisons d'éditions prennent un plus grand essor politique. Nous accordons, selon la vieille habitude, bien plus de temps et d'énergie à des questions techniques, telle que la question d'une maison d'édition, qu'à la question politique générale, qui est de savoir comment on apprend au peuple à lire et à écrire.

Si nous considérons l'office central pour l'enseignement professionnel (*Glavprofobr*), nous y trouverons aussi, nous en sommes convaincus, beaucoup trop d'intérêt bureaucratique superflu et exagéré qui ne concorde pas avec les besoins d'une large instruction populaire. *Au Glavprofobr, il s'en faut beaucoup que tout soit conforme au désir légitime d'élever d'abord l'instruction de notre jeunesse des fabriques et de lui donner une direction pratique. Si l'on examine* attentivement le personnel du Glavprofobr, on y trouve beaucoup de superflu, et de fictif, qu'il faudrait supprimer par la suite. Dans l'Etat prolétarien-paysan, on peut et on doit faire encore des économies fort considérables pour répandre l'instruction élémentaire parmi le peuple, en supprimant différents joujoux de caractère seigneurial ou institutions dont nous pouvons et devons nous passer pour longtemps encore, vu l'état de l'instruction tel que nous le révèle la statistique.

Il faut renforcer systématiquement le travail tendant à organiser les instituteurs pour les transformer de supports du régime bourgeois, qu'ils sont jusqu'à présent, dans tous les pays capitalistes, en supports du régime des Soviets, pour détacher par leur intermédiaire, les paysans de l'alliance avec la bourgeoisie et les amener à l'alliance avec le prolétariat.

4 janvier 1923.

⊙ ⊙ ⊙

L'incorporation dans l'armée de 183 étudiants

Le 11 janvier, les journaux publiaient une communication gouvernementale émanant du ministre de l'Instruction publique, et annonçant l'incorporation de 183 étudiants de l'université de Kiev « pour provocation d'attroupements et de désordres ». Les décrets provisoires du 29 juillet 1899 — véritable menace contre les étudiants et la société — sont mis en vigueur moins d'une année et demie après leur publication, et le gouvernement s'efforce naturellement de se justifier de l'application de ces mesures coercitives inouïes, en dressant comme une sorte d'acte d'accusation où il exagère à plaisir ce qu'il appelle les « forfaits » des étudiants.

Ces forfaits sont plus horribles les uns que les autres. En été, se tint à Odessa, un congrès général des étudiants, qui se proposait d'organiser toute la jeunesse des grandes écoles russes pour protester de toute façon contre divers aspects de la vie académique, politique et sociale. Et c'est pour ces « criminels » desseins politiques que tous les délégués des étudiants furent arrêtés et leurs documents saisis. Mais l'effervescence, loin de se calmer, grandit et se manifeste avec insistance dans de nombreuses écoles supérieures. Les étudiants entendent conduire leurs propres affaires librement et par eux-mêmes. Leurs supérieurs, avec le formalisme sans âme qui, depuis des temps immémoriaux, distingue les fonctionnaires russes, ripostent par des vexations qui provoquent le plus vif mécontentement et l'idée d'une protestation contre le régime policier et bureaucratique de l'absolutisme, surgit bien vite dans l'esprit de cette jeunesse qui n'est pas encore enlisée dans la vase de l'indifférence bourgeoise.

Les étudiants de Kiev exigent l'éloignement du professeur qui a pris la place du camarade évincé. L'autorité résiste et contraint ainsi la jeunesse à organiser « des assemblées, des démonstrations » puis... cède. Les étudiants se réunissent pour délibérer sur le fait ignoble du viol d'une jeune fille par deux agents du pouvoir (ainsi que le bruit en court). L'autorité condamne les principaux « coupables » au cachot. Ils refusent d'obéir. On les exclut. La foule les accompagne en manifestant à la gare. Une nouvelle réunion se tient où les étudiants restent jusqu'au soir, refusant de se disperser tant que le recteur n'apparaîtra pas. Le vice-gouverneur et le commandant de gendarmerie arrivent, accompagnés d'un détachement de soldats. Ils entourent l'université, s'introduisent dans l'amphithéâtre et prient le recteur de venir.

Peut-être pensez-vous que les étudiants exigent... une constitution ? Non, ils demandent que l'on n'applique pas la peine du cachot et que l'on réintègre les exclus. On inscrit les noms des participants à la réunion et on les renvoie chez eux.

Quelle stupéfiante disproportion entre les humbles et inoffensives demandes des étudiants, et le désarroi du gouvernement, qui agit comme si la hache menaçait déjà les étais de son pouvoir ! Rien ne peut affaiblir davantage notre « tout puissant » gouvernement que cette subite frayeur. Plus que toutes les « criminelles proclamations », il montre ainsi — il montre à qui a des yeux pour voir et des oreilles pour entendre — qu'il ne se sent pas tout à fait en sécurité et n'a confiance qu'en la force des baïonnettes et du knout pour le préserver de la colère populaire. Instruit par l'expérience de dizaines d'années, le gouvernement s'est fortement convaincu qu'il est entouré de matières inflammables et qu'il suffit de la moindre étincelle, telle une petite protestation contre le cachot, pour allumer l'incendie. S'il en est ainsi, la punition doit être exemplaire, c'est pourquoi il encasernera une centaine d'étudiants ; « l'adjudant se chargera de mâter ces intellectuels ». Cette formule n'est pas encore surannée. Bien au contraire, il appartiendra au XXe siècle d'en voir une véritable réalisation.

Cette nouvelle mesure répressive, comme nouvelle tentative de ressusciter un passé lointain, suggère beaucoup de réflexions et de comparaisons. Il y a trois générations de cela, au temps de Nicolas Ier, encaserner fut une peine naturelle, qui correspondait parfaitement à toute la structure de la société féodale. On contraignait les nobliaux à être soldats pour qu'ils servent jusqu'à l'obtention du grade d'officier, en échange des libertés de la noblesse. On envoyait les paysans à la caserne comme au bagne, où les attendaient des traitements inhumains tels que les coups de verges. Mais voilà déjà plus d'un quart de siècle que nous avons le service militaire obligatoire pour tous dont l'introduction fut prônée, en son temps, comme une grande réforme démocratique. Et pour tous, non seulement sur le papier, mais en réalité, c'est indubitablement une réforme démocratique : elle rompt avec l'esprit de caste et introduit l'égalité des citoyens. Mais, s'il en était vraiment ainsi, est-ce qu'être incorporé dans l'armée pourrait être une punition ? Et si le gouvernement transforme le service obligatoire en punition, ne prouve-t-il pas ainsi que nous sommes beaucoup plus près du recrutement volontaire que du service obligatoire *pour tous* ? Les décrets provisoires de 1899 arrachent le masque de pharisaïsme et décèlent l'essence asiatique même de ces institutions, qui ressemblent le plus à celles de l'Europe. En réalité nous n'avons pas eu et nous n'avons pas le service militaire obligatoire, parce que les privilèges de la noblesse et de la richesse créent quantité d'exceptions. En réalité, nous n'avons pas eu et nous n'avons rien qui ressemble à l'égalité des citoyens devant le service militaire. *Au contraire, la caserne est entièrement imprégnée de l'esprit de la plus révoltante inégalité. Les paysans et les ouvriers y sont absolument sans défense, leur dignité d'homme y est foulée aux pieds, ils y sont victimes de toute sorte de chantages et sont battus, battus, battus... Mais, à ceux qui ont des protecteurs influents et de l'argent sont réservées les faveurs et les exceptions. Il n'est donc pas étonnant qu'enfermer des hommes dans cette école de violence et d'abus, puisse être considéré comme une punition et même une très dure punition, une sorte de privation de tous droits. Et le gouvernement compte sur cette école pour apprendre la discipline aux « émeutiers ». Ne se trompe-t-il pas dans ses prévisions ? L'école du service militaire ne sera-t-elle pas aussi l'école de guerre de la révolution ?*

Certes, tous les étudiants n'ont pas la force de suivre le cours complet de cette école. Le régime de la caserne écrasera certains sous ce pénible fardeau, d'autres seront victimes des conflits avec les autorités militaires ; mais d'autres encore s'y tremperont, élargiront leur cercle d'horizon et seront amenés à réfléchir à leurs aspirations d'émancipation et à les sentir plus profondément. Ils éprouvent maintenant sur eux-mêmes toute la force de l'arbitraire et de l'asservissement lorsque toute leur dignité d'homme dépend de l'humeur d'un sergent capable de bafouer souvent intentionnellement les gens « instruits ». Ils voient quelle est, en réalité, la situation du pauvre peuple. Ils souffrent avec lui des injures et des violences auxquelles on les contraint d'être témoins quotidiennement et ils comprennent alors que les injustices et les vexations que subissent les étudiants ne sont qu'une goutte dans un océan d'arbitraire. *Et celui qui comprend cela quitte le service militaire en ayant fait le serment d'Annibal de lutter avec la classe avancée du peuple pour libérer ce dernier de l'absolutisme.*

Mais la nouvelle punition ne révolte pas moins par sa cruauté que par l'humiliation ressentie. Le gouvernement lance ainsi un défi à tous ceux en qui subsiste un sentiment de probité, traitant en simples débauchés ceux qui protestent contre l'arbitraire dont sont victimes les étudiants — comme il avait assimilé les ouvriers grévistes déportés à des gens de conduite dépravée. Examinez bien la communication gouvernementale et vous y trouverez une bigarrure de mots tels que : désordre, voies de fait, malpropreté, impudeur, dépravation. D'un côté, on constate de criminelles intentions politiques et des efforts pour organiser des protestations publiques ; de l'autre, on traite les étudiants comme de vulgaires débauchés qui ont besoin de leçons de discipline. C'est un soufflet à toute l'opinion publique russe, dont le gouvernement connaît bien les sympathies pour les étudiants. Et la seule réponse digne des étudiants serait de mettre à exécution la menace de ceux de Kiev : l'organisation d'une grève durable et stoïque de tous les élèves des écoles supérieures avec cette revendication : retrait des décrets provisoires du 29 juillet 1899.

Mais il n'appartient pas aux seuls étudiants de répondre au gouvernement. Celui-ci s'efforce de faire de cet événement quelque chose de plus qu'une simple histoire d'étudiants. Il s'adresse à l'opinion publique, précisément pour se vanter de l'énergie de sa répression et en se moquant de toutes ces tendances libératrices. Tous les éléments conscients, dans toutes les classes du peuple, sont obligés de répondre à ce défi s'ils ne veulent pas tomber dans la situation d'esclaves aveugles supportant en silence tous les outrages. *A la tête de ces éléments conscients, se trouvent les ouvriers avancés, et, étroitement liées à eux, les organisations social-démocrates.* La classe ouvrière a constamment à supporter une oppression et des outrages beaucoup plus grands de la part de cet arbitraire policier, avec lequel les étudiants entrent si rudement en conflit. Elle a déjà commencé la lutte pour sa libération et elle doit se souvenir que cette noble lutte lui impose de grandes obligations, qu'elle ne peut se libérer elle-même sans libérer du despotisme le peuple tout entier et qu'elle doit, avant tout, et plus que tout, répondre à chaque protestation et lui apporter toute l'aide possible. Les meilleurs représentants des classes instruites ont prouvé et scellé du sang de milliers de révolutionnaires martyrisés par le gouvernement, leur capacité à secouer de leurs pieds la poussière de la société bourgeoise et à venir prendre place dans les rangs du socialisme. *Et, n'est pas digne de s'appeler socialiste l'ouvrier qui peut assister avec indifférence à l'envoi de troupes contre la jeunesse studieuse.* Ainsi que l'étudiant est venu en aide à l'ouvrier, celui-ci doit venir en aide à l'étudiant. Le gouvernement veut tromper le peuple en proclamant que les aspirations aux protestations politiques ne sont que de vulgaires excès. Les ouvriers doivent publiquement déclarer et faire connaître aux larges masses, que c'est un mensonge, que le véritable foyer de violence, d'excès et de débauche, c'est le gouvernement de l'absolutisme, de l'arbitraire de la police et des fonctionnaires.

Quant à la façon d'organiser cette protestation, ce sont les organisations social-démocrates et les groupements ouvriers locaux qui doivent en décider. La diffusion, la distribution, l'affichage de tracts, l'organisation de réunions auxquelles seraient convoquées toutes les classes de la société, telles sont les formes les plus réalisables de la protestation. Mais il serait désirable que, là où les organisations sont le plus fortes et le plus fermement assises, il fût tenté une protestation plus large et plus ouverte au moyen d'une démonstration publique. Comme exemple, on peut prendre la démonstration du 1er décembre de l'année écoulée à Kharkov, devant la rédaction du *Youjni Kraï* (*La Région du Sud*). On célébrait alors le jubilé de ce triste journal qui paralyse tout effort vers la lumière et la liberté, en vantant comme de hauts faits la sauvagerie de notre gouvernement. Une foule s'assembla devant la rédaction et se mit à déchirer solennellement les exemplaires du *Youjni Kraï*, les attachant à la queue des chevaux, en revêtant les chiens et jetant des pierres et des ampoules d'acide sulfurique dans les fenêtres en criant : « A bas la presse vendue ! ». Telle est la célébration que méritent en vérité, non seulement les rédactions de la presse vendue, mais aussi nos institutions gouvernementales. Elles ne célèbrent qu'assez rarement le jubilé de la bienveillance des autorités, mais celui de la vengeance du peuple elles le méritent toujours. Toute manifestation de l'arbitraire et de la violence gouvernementale doit être un prétexte à de telles protestations. Et puisse la répression gouvernementale contre les étudiants ne pas rester sans riposte ouverte de la part du peuple !

1901.

⊚ ⊚ ⊚

Du travail révolutionnaire des jeunes

Projet de résolution du IIe Congrès sur l'attitude envers la jeunesse des écoles, adopté par le IIe Congrès du Parti social-démocrate russe en 1903.

Le deuxième Congrès du Parti social-démocrate russe salue l'esprit d'initiative et l'activité révolutionnaire de la jeunesse des écoles, invite toutes les organisations du parti à seconder les efforts de cette jeunesse pour s'organiser, à la soutenir par tous les moyens et recommande à tous les groupes et cercles d'étudiants :

1° De s'attacher particulièrement dans leur activité à élaborer chez leurs membres une conception socialiste conséquente du monde, de leur faire connaître d'une part le marxisme et, d'autre part, le mouvement des *narodniki* et l'opportunisme occidental européen, qui sont les principaux courants des tendances progressistes qui s'affrontent en ce moment ;

2° De se garder des faux amis de la jeunesse, qui la détournent d'une éducation révolutionnaire sérieuse par une phraséologie révolutionnaire idéaliste vide et des lamentations de petits-bourgeois sur la nocivité et l'inutilité d'une polémique aiguë entre les tendances révolutionnaires et oppositionnelles, car ces faux amis, dans la pratique, ne propagent qu'un manque de principes et ne suscitent qu'une attitude frivole à l'égard du travail révolutionnaire ;

3° De s'efforcer, chaque fois qu'ils passent au travail pratique, d'établir des relations avec les organisations social-démocrates pour utiliser leurs conseils et éviter autant que possible de graves fautes dès le début de ce travail.

◎ ◎ ◎

Conseils d'un absent

Combiner nos trois forces principales : la flotte, les ouvriers et les unités militaires pour occuper en premier lieu et conserver *à tout prix : a*) le téléphone; *b*) le télégraphe; *c*) les gares; *d*) les ponts.

Sélectionner les éléments les plus *résolus* de nos groupes d' « assaut », de la *jeunesse ouvrière* et des matelots et en former de petits détachements chargés d'occuper tous les points les plus importants et de *participer* à toutes les opérations décisives, par exemple :

Encercler Pétrograd et le couper des autres villes, s'en emparer par une attaque combinée de la flotte, des ouvriers et des troupes, — tâche qui exige de l'*art* et une *triple audace.*

Former des détachements composés des meilleurs ouvriers qui, armés de fusils et de bombes, marcheront sur les « centres » de l'ennemi et les cerneront (écoles d'élèves-officiers, télégraphe, téléphone, etc.) et dont le mot d'ordre sera : *périr jusqu'au dernier, plutôt que de laisser passer l'ennemi.*

Espérons que si l'insurrection est décidée, ses dirigeants sauront appliquer les grands préceptes de Danton et de Marx.

Le triomphe de la révolution russe en même temps que de la révolution mondiale dépend de deux ou trois jours de lutte.

8 octobre 1917.

Au 3e Congrès mondial

de l'Internationale Communiste des Jeunes

Chers Camarades,

Je regrette de ne pouvoir vous saluer personnellement et je vous envoie mes meilleurs vœux pour la réussite de votre travail. J'espère qu'en dépit de votre titre éminent, vous n'oublierez pas ce qui est le principal : la nécessité de préparer la jeunesse par une formation pratique et le développement de ses connaissances.

Avec mes meilleures salutations communistes,

V. I. OULIANOV (LÉNINE).
(4 novembre 1922)

⊙ ⊙ ⊙

Table des matières

◎ ◎ ◎

IMPRIMERIE CENTRALE
5, rue Érard
Paris (12e)

www.ingramcontent.com/pod-product-compliance
Ingram Content Group UK Ltd.
Pitfield, Milton Keynes, MK11 3LW, UK
UKHW022122260726
13993UKWH00003B/1170